하나님은 살아 계시다

간증하는 사람들

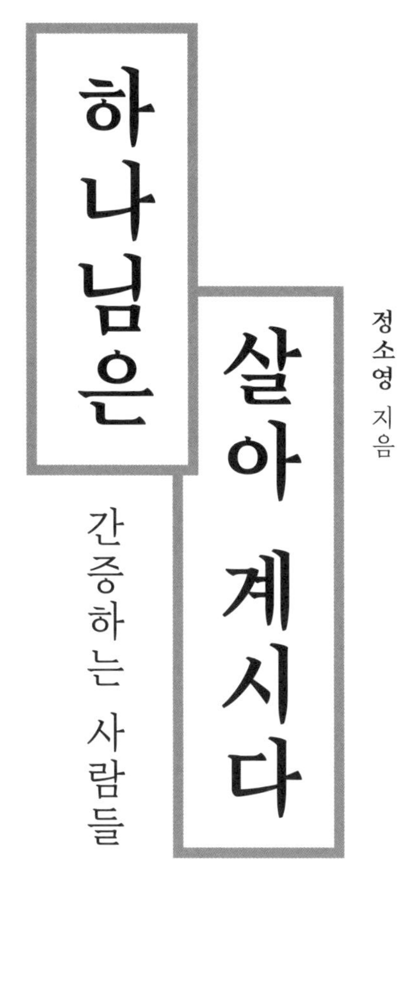

하나님은 살아 계시다

간증하는 사람들

정소영 지음

차례

3부 해바라기 마을 이야기

시작하는 말

　　교회에서 성도들이 모여서 친교를 나누는 것은 밤, 호박, 대추 등 여러 가지 재료가 찹쌀과 어우러져서 조화로운 맛을 내는 고급스러운 잔치와 같은 것이다. 성도들은 이 잔치함이 많아질수록 서로를 응원해 가는 사랑에서 믿음이 더욱 자라는 것이다. 떡을 만들 때 문양을 만드는 떡살은 정교한 무늬가 있어야 하고 정교한 무늬가 선명하려면 닳지 않는 나무를 사용해야 하는데 감나무가 닳지 않는 나무이듯이 성도는 세상에 맞서 거룩한 신앙의 정교함이 항상 있어야 한다. 떡살은 반듯하게 만들어진 듯하나 약간의 휘어짐이 있어야 떡을 떼어 내기가 쉽다. 믿는 사람은 하나님 말씀만 바라보고 지켜야 한다는 각오와 결단이 필요하다. 이 책은 그러한 필요에 의해서 적힌 책이다. 나도 노력한다.

1부

·

산문

교대역에서 걸어서 10분 거리, 서초역에서 걸어서 5분 거리, 법원, 변호사 건물들이 줄지어 서 있는 거리에 우리 집이 있었다. 예술의 전당까지 산책하며 갔다 오곤 했다. 여름이 되면 대로를 따라 집 맞은편에는 7층짜리 사무실이 있었다. 서초동의 다른 단독 주택들을 보면 값비싼 조경수들이 잘 깔린 잔디 위로 자태를 드러냈다. 우리 집은 돋보이게 목련나무 두 그루가 대문 옆에 튼튼히 있었다. 봄이 되면 목련나무 가지의 손이 담장 너머로 길게 뻗어 나와 지나가는 이웃들을 반겨 주었다. 꽃은 흐드러지게 피어 너무나 아름다웠다. 부지런한 부모님은 마당 한편에 텃밭을 일구고 고추며 상추며 풍성하게 가꿔서 밥상 위가 풍성했다. 나는 1995년, 가까운 교회 초등부 교사였다. 전화 심방을 자주 하고 편지 심방은 주일마다 하고 어린 친구들이 사는 집을 직접 방문하는 심방도 했다. 일일이 챙기며 아이들과 소통하며 눈물도 흘리고 같이 기뻐했다. 평화로운 날들이 지나가고 그렇게 여름이 가고 있었다. 심방을 하다 보니 집집마다 사정들을 조금이나마 알게 되었다. 그들의 기도 제목을 놓고 기도를 많이 했다. 내가 가르치는 학생은 10명 정도 되었는데 한 명이 캐나다로 이민을 간다는 말을 듣게 되었다. 그래서 심방 날짜를 6월 30일로 잡고 기다리고 있었다. 6월 29일 저녁에 하나님이 보여 주셨다. 큰 건물이 두 개로 정확하게 반 나눠서 분리되는 모습을.

아침에 일어나서 이걸 어떻게 해석해야 하나 싶어 하나님이 보여 주신 것은 기도하라고 보여 주신 거다 싶어 기도하고 있던 중, 학생 집에는 오후 4시 반 정도 도착한다고 학부모한테 전화를 걸어서 약속을 하고 준비하고 있는데 3시 반 정도에 학부모에게 전화가 와서 오늘 오지 마시고 다음 날짜를 잡는 게 어떠냐고 해서 안 된다고 했다. 그랬더니 알았다고 했다. 내가 무엇 때문에 그러냐고 물으니 삼풍백화점 세일이라 거기 가야 한다고 했다. 그래도 안 된다고 하니 알았다고 하면서 전화를 끊었다. 30분 후에 다시 전화가 왔다. 정말 꼭 오늘 와야 하냐고. 내가 그렇다고 했다. 백화점 세일은 다음에도 하니 심방부터 받으라고 했다. 학부모의 말소리가 아쉬워했다. 다른 사람들하고 같이 가기로 했다는 등 아쉬워하며 전화를 끊었다. 그리고 나는 출발을 했다. 그 집은 반포에 위치한 아파트였다. 지하철 타고 도착했더니 내가 서둘러서인지 학생의 어머니가 반갑게 맞이했다. 그러면서 정중하게 맞이하고 싶었는지 옷을 갈아입고 나온다 했다. 기다리는 중에 학생의 동생 두 명이 있다는 걸 알게 되었다. 막내는 15개월 정도 되어 보였다. 이런 어린아이가 있는 집에서 백화점에 가려고 했구나. 막내를 업고 가려고 했구나. 그러고 있는데 학생 엄마가 옷을 갈아입으면서 TV를 틀어 놓았다. 아이들이 만화 영화를 보라고 한 것 같았다. TV를 틀자마자 5분도 안 돼서 뉴스 특보가 나왔다. 삼풍백화점 이야기였다. 아수라장이었다. 사람들이 여기저기서 울고 있었다. 내가 본 건물처럼 두 개로 갈라져 있었다. 바로 하나님께 감사했다. 교회에 출석한 지 일 년이 안 된 새 신자 가정이었다. 남편은 이민 준비로 캐나다로 출발한 지 15일 되었다고 한다. 학생 엄마가 TV를 보면서 하나님께 감사해했다. 이 엄마와 아이들은 3개월 후에 한국을 떠나기로 계획된 집이었다. 하나님이 나를 여기에 오게 하지 않으셨더라면 이 가정은 어떻게 됐을까? 너무나 감사한 일이었다.

학생 엄마는 같이 가기로 했던 친구들을 들먹이며 걱정도 하며 안타까워했다. 이런저런 이야기를 나누고 집으로 와서 있는데 헬기가 날이 새도록 움직였다. TV는 한 달 가까이 수색 소식을 알렸다. 헬기도 한 달 가까이 쉬지 않고 움직이는 듯했다. 삼풍백화점 사건 3개월 이후 그 학생 가족은 안전하게 캐나다로 가서 잘 도착했다고 전화가 왔다. 그 뒤 얼마 지나서 학생 아빠한테서 전화가 왔다. 한국에 가면 선생님을 꼭 만나고 오라고 했다고 만나서 안부를 물었다. 잘 지낸다고 했다. 그 후 나는 삼풍백화점 근처는 최대한 안 보려고 했다. 6개월이 지났을 때 버스를 타고 삼풍백화점 있었던 곳을 지나가는데 처참한 광경이었다.

나라를 위해서 기도해야 한다는 마음을 더 갖게 되는 일이었다.

2001년 9월 6일. 시흥동 20m 도로 사거리에 정수기 사업장을 오픈하게 되었다 이 사업장은 내가 잘 다녀 보지 않은 거리다. 오직 기도로 오픈하게 된 곳이다. 2001년 7월 15일부터 10일 정도 시흥동에 사업장을 오픈하려고 걸어 다니며 알아보았다. 거의 다 괜찮다 싶으면 권리금이 삼천이었다. 기본 사업 자금으로 권리금, 보증금을 감당하려면 5천 이상은 갖고 있어야 시작할 수 있었다. 권리금이 1억인 곳도 있었다. 그래서 기도하고 또 기도하던 중에 하나님이 보여 주셨다. 대로변 전체의 건물들을 보여 주시는데 내가 오픈한 규모가 큰 건물은 17세기 금으로 화려하게 치장된 화려한 궁전의 모습으로 보여 주셨다. 찬란한 모습이었다. 맞은편 왼쪽이나 오른쪽으로나 길게 늘어선 30여 개 정도의 건물들은 전부 다 16세기, 17세기 아주 낡은 건물의 모습에다가 불에 그을린 쓰러지기 직전의 모습으로 보여 주었다. 우리 건물 왼쪽으로나 오른쪽으로는 그보다는 덜하지만 16세기 보통의 건물에서 약간 낡아지기 시작한 건물들이었다. 그래서 계약할 때는 건물 주변 마케팅 조사를 할 것 없이 믿음으로 계약했다.

주변 상권은 나름 갖춰져 있었고 2차선 도로로 길게 이어진 도로에는 아침마다 출근자들로 붐볐다. 음식점, 술집, 우상 숭배를 하는 것들, 그냥 보면 변화가 같은 느낌, 그 정도였다. 처음부터 사업장 오픈할 때부터 예배 중심으로 나아갔고 주변이 너무 세상적이어서 기도를 많이 해야겠구나 싶었다. 그리고 이 도로는 청소가 되어야겠다고 생각했다. 주님이 들려주시기를 찬송가를 3년을 크게 틀라고 하셔서 아침 8시부터 저녁 8시까지 밖에 스피커를 장착하고 매일 찬송가를 틀었다. 사거리 전체에 들리고 10m 가까이에 있는 건물들은 다 들을 수 있게 크게 틀었다. 하나님이 하셔서 3년 동안 아무도 찬송가 트는 것으로 시비를 걸거나 항의하거나 하는 사람이 없었다. 같은 건물에 있는 부부가 운영하는 한 사업장과 맞은편 건물에서 부부가 있는 한 사업장, 그 부부들은 서로 친해 보였다. 직접 와서 내가 밖에 서 있으면 자기들끼리 수군거리는 정도였다. 그래서 기도했다. 하나님, 저 둘을 나눠 달라고, 그랬더니 얼마 지나지 않아서 서로 얼굴도 안 보는 사이가 되었다.

3년이 다 될 즈음에 맞은편 5층 건물이 있는데 5층에 절이 생겼다. 절 없애 달라고 많은 기도를 하고 있었다. 한번은 경찰이라며 찬송가를 작게 틀어 달라고 건의가 왔다. 누가 그랬냐고 경찰한테 추궁을 하자 잘 알지 못하겠고 근처 건물에서 신고가 왔다고 했다.

그냥 보아도 절이란 걸 짐작할 수 있었다. 신경 쓰지 않고 여전히 찬송을 크게 틀었다. 한번은 남자가 흥분한 목소리로 음악을 작게 틀라고 전화가 와서 어디냐고 물었다. 처음에는 미뭇거리더니 추궁하자 근처 건물이라 했다. 절인 게 분명했다. 3개월 후 절은 문을 닫았다. 술집들이 하나둘 문을 닫았다. 우상 숭배를 한 곳들이 하나둘 문을 닫았다. 많이 깨끗해진 도로였다. 도로를 넓혀 달라고 기도했다. 주님이 도로를 넓혀 주신다고 하셨다. 5년 뒤 도로 넓히는 작업이 이루어지고 현장 조사가 나오고 계획을 들었을 때 '하나님이 해 주셨구나.' 기뻐했다. 많은 건물이 없어지고 주변들이 정리되고 시흥대로까지 4차선 도로가 만들어지게 되었다.

3년이 되도록 크게 틀던 찬송은 조금 작게 틀었다. 한번은 성도가 오더니 찬양을 듣고 많은 은혜를 받았다고 했다. 하나님께 건물을 사게 해 달라고 기도했다. 부모님께 건의했다. 내가 있는 사업장 건물을 사시라고. 부모님은 처음에는 망설였다. 다른 건물을 사고 싶어서 계획을 하고 있었기에 내가 사라고 한 건물은 좀 기다려야 했다. 더 기도했다. 하나님은 부모님이 건물을 사게 했다. 땅값이 오른 바람에 더 값을 지불해야 했다. 온 가족이 기뻐하며 하나님께 감사 기도 예배를 드렸다. 복음의 사역지, 전도 사역지, 선교 사역지로서의 일을 해내기를 항상 다짐하면서 기도해 왔다. 부모님은 2층 전체를 인테리어하기 시작했다. 주방 시설을 크게 갖추고 휴게실도 만들었다. 가족들이 모여 예배를 드리기에 넉넉한 정도였다. 많은 사람이 기도를 받고 치유의 하나님을 만났다. 2016년까지 정수기 사업은 이루어졌고 하나님이 하셔서 많은 축복을 받았다. 장소가 넓어서 또 하나의 사업을 2009년도에 시작하였는데 김, 미역, 다시마였다. 하나님이 하셔서 재고 없이 잘 팔렸다.

2009년부터 난 한 걸음 더 나아가서 밖으로 나가 2012년 4월 30일까지 미역, 다시마를 팔았다, 운전은 내가 아닌 유하준 집사가 해 주었다. 팔기만 하면 될 것 같지만 만만치 않았다. 단속이 너무 심하였고 거리에서 파는 거지만 좋은 물건을 갖고 나가서 자부심 있게 팔았다. 단속을 피하려고 기도하면서 하나님이 하셔서 재고 갖고 온 날이 없었다. 많은 사람을 만났다. 나이 드신 분, 가난한 분, 부자인 사람들, 남자, 여자, 아픈 환자…. 그들 앞에서 물건을 사라고 하면서 기도를 했다. 미역을 쥐여 주며 전도를 하기도 하고 다시마를 팔기도 했다. 날씨에 상관없이 거의 매일 나왔다. 나갔다 오면 3~4시간 지나서 올 수 있었다. 그리고 그들의 언어를 통해서 내가 무엇을 해야 하는지 기도를 얼마나 많이 해야 하는지 다짐하게 되었다. 한번은 날씨가 추워지는 10월에 내가 파는 박스 앞을 지나가는 한 남학생의 모습을 보게 되었다. 혼자 걸어가는 모습이 외로워 보어서기 이니리 그 옷차림 때문에 쳐다보게 되었다. 키는 커 가는데 교복 살 돈이 없어서 종아리 가까이 올라간 바지 밑단을 보면서 눈물이 한없이 흘렀다.

한번은 23세쯤 되어 보이는 아가씨가 한쪽 얼굴을 머리카락으로 완전히 가리고 고개를 숙이고 지나갔다. 그냥 보아도 알 수 있었다. 한쪽 얼굴뼈가 자라는 병임을. 겨울에는 영하 16도에도 나가서 물건을 팔아 보았다. 나에게는 선교 여행이었다. 많은 사람을 기도해 주고 쉬지 않고 매일 나가서 일하다 보니 무리가 되었는지 한 달 넘게 매일 쉬지 않고 하루에 성인 기저귀 12개 이상을 사용했다. 한 걸음도 떼기 힘들었다. 기도하고 하나님이 치유시켜 주셨다. 한 달 넘게 하혈을 하고 난 다음에 기도 받으러 오신 분들은 돌려보내지 아니하고 기도해 주었다. 그들은 나아서 갔고 치유의 하나님을 만났다.

하나님께 기도하고 소망 가운데 감사의 마음을 가지고 나아갔더니 하나님께서는 이 한 도로에서 하나님이 어떻게 일하셨는지를 보여 주셨다.

2003년 9월 15일경. 선선한 가을 날씨가 사람들을 많이 움직이게 했다. 벽산아파트며 우방아파트며 많은 사람이 산책 삼아 우리 사업장까지 걸어오는 것을 쉽게 할 수 있었나 보다. 오후 5시 정도에 사무실에 앉아 있는데 한 할머니가 유모차를 끌고 사무실 옆을 지나갔다. 지나가는 걸 보고 나서 1분도 안 지나서 사람들의 비명 소리가 들렸다. 버스 정류장이 사업장 앞이다 보니 우회전을 하면서 지나간 버스가 할머니와 아기 손자 유모차를 보지 못했나 보다. 달려 나가 보니 30명 정도의 사람들이 아이 상태를 걱정하며 보고 있었다. 아이에게 다가갔다. 할머니가 버스를 피하느라 바쁘게 주차해 있던 승용차 가운데로 유모차를 밀었는데 차가 밀렸는지 유모차가 간신히 버티고 있었다. 아이는 의식을 잃었고 할머니는 당황해서 무엇을 해야 할지 알지 못하는 것 같았다. 자세를 낮추고 아이의 다리를 만져 보니 누가 보아도 이 아이가 살아날 것이라는 이야기를 쉽게 할 수 없는 모습이었다. 다른 사람들이 보든지 말든지 나는 아이의 다리를 만지며 열심히 기도했다. 10분 이상을 기도하고 나니 아이가 의식을 찾은 것 같았다. 내 할 일을 했다 싶어 일어서는데 119 차가 왔다. 사무실로 걸어서 오는데 길 건너 젊은 남자 두 명이 나에게 소리쳤다. "같이 가셔야 되잖아요." 내가 답했다. "저는 가족이 아니어요." 그랬더니 더 큰 소리로 외쳤다. "기도해 주셨잖아요." 그 음성을 흘려들을 수가 없었다. 119 차에 나도 탔다. 차가 희명병원으로 달렸다. 할머니는 하나님이 돕는 분을 보냈다고 그 얘기만 반복해서 하고 있었다. 할머니는 내가 아이를 붙들고 기도하는 모습에 안도하고 있었다. 처음 보는 나에게 너무 많은 의지를 하고 있는 것 같았다. 희명병원 응급실로 가서 의사들이 다가와서 눕혀진 아이를 바라보며 팔도 들어 보고 다리도 들어 보고 여러 확인을 하더니 "여기서는 할 수 있는 일이 없습니다". 포기하는 듯했다. 부탁을 여러 번 해도 소용이 없었다. "큰 병원으로 데려가세요." 그 말을 듣자마자 나는 아이를 안고 뛰었다. 할머니는 나를 따라 나왔다. 택시를 탔다. 대형 병원으로 가는 동안에 쉬지 않고 기도했다. 아이의 의식이 더 돌아옴을 알 수 있었다.

응급실에 도착해서 눈물로 기도했다. 살려 달라고. 간호사들이며 인턴 몇 명이 보더니 기다리라는 말밖에 안 했다. 누워 있는 아이를 보며 그렇게 부르짖고 기도하니 기적이 일어났다. 아이가 벌떡 일어나 앉는 것이었다.

아이가 나를 빤히 보는 것이었다. 5개월 정도 되는 아이였다. 아이는 알아듣는 것 같았다. 나는 확인했다. 하나님이 하시면 이 아이는 오늘의 치유의 하나님을 만난 것을 알고 그렇게 커 갈 것이라고. 그래서 말했다. "하나님이 살렸어. 분명히 기억해야 돼. 나중에 하나님을 위해서 꼭 일하렴." 아이는 나를 빤히 보며 알아듣는 것 같았다. 그러는 중에 아이의 엄마가 도착했다. 간호사들은 내가 아이의 엄마인 줄 알았단다. 아이의 엄마가 나와서 감사하다고 인사했고 할머니도 나와서 감사하다고 했다. 나는 병원을 나와서 바로 집으로 돌아왔다.

일주일 지나서 아침 일찍 사무실에 아이 엄마와 할머니가 음료수 한 박스를 가지고 감사 인사를 하려고 왔다. 할머니는 아들, 며느리와 사시는 분이어서 자기 실수가 많이 노출될까 봐 안절부절못하는 모습이었다. 권사님이었다. 믿는 집이었다. 나는 더더욱 할머니 잘못을 떠나서 할머니가 버스를 피하려고 유모차를, 손주를 지키려고 했던 행동이 이렇게 된 거라고 있는 그대로 이야기해 주었다. 그리고 아이 엄마한테 아이를 잘 키워 달라고 부탁했다.

2001년 4월 20일. 잘 아는 친한 동생이 딸을 데리고 놀러 왔다. 이야기를 하는 중에 6살 나이 정도의 어린 딸은 그냥 보기에는 건강하고 튼튼한 아이였다. 그러다 왼쪽 얼굴 상태를 자세히 보게 되었다. 보면서 이걸 어떻게 이야기해 주지 싶었다. 아무것도 알고 있지 않은 태연한 동생에게 말을 하기가 조심스러웠다. 성령이 체크해 준 대로 얼굴뼈가 자라고 있다고 말하기에는 조심스러워서 가까운 병원에 아이를 데려가 보라고 했다. 3일 후 병원에 갔다 온 동생이 나에게 와서 말하기를 "언니가 정확하게 보셨어요." 감기 때문에 병원에 데리고 갔더니 소아과 의사가 큰 병원에 데려가 얼굴 사진을 동생에게 찍어 보라고 했다고 나에게 와서 얘기했다. 그래서 동생이 구로병원 성형외과에 아이를 데리고 가서 얼굴 사진을 찍었다. 의사가 사진을 보고 말하기를 안면왜소증이라고 동생에게 얘기했다고 동생이 와서 얘기했다. 의사가 말하길 치료 방법은 없고 6개월마다 와서 진행 상황을 사진 찍어 보라고만 했다고 동생이 얘기했다. 이야기를 듣고 나서 안심을 시켰지만 이 상황이 진행되면 이 아이의 인생은 말 그대로

소망을 가질 수 없는 상태란 것을 알 수 있었다. 계속 얼굴은 자랄 것이고 학교를 중단하게 될 것이고 친구도 못 만나고 밖을 나갈 수 없는 마음의 상처까지 생겨서 살 수밖에 없는 모습이라고 보니 마음이 안타까웠다. 동생도 딸이 살아가는 모습을 보며 웃을 수 있을까? 3대가 불행해진다는 것은 다른 이야기를 하지 않아도 알 수 있는 것이다. 하나님께 기도했다. 어떻게 해야 되냐고. 동생 가족은 내가 전도해서 예수를 믿은 지 6개월도 안 된 상태여서 어떻게 기도하라고 자세히 이야기해 주기도 난감한 그런 입장이었다.

3일을 기도하면서 주님이 그러셨다. 내가 기도해 주라고.

믿음으로 순종했다. 동생에게 전화해서 아이를 데려오라고 했다. 아이에게도 동생에게도 기도를 받으면 된다고 말씀이 나갔다. 안심하라고 3일을 기도 받으면 된다고 말해 주었다. 그리고 바로 기도에 들어갔다. 머리뼈를 만져 보니 주님이 체크해 주시기를 나무에서 가지가 자라려고 가지가 비틀어 나오듯이 왼쪽 두개골 뼈가 15도 각도로 뒤틀어져 있었다. 이 정도면 어른이라면 많이 힘들었을 텐데, 다행히 아이라서 아픈 정도를 잘 못 느끼고 산 것 같았다. 이 정도 진행이면 6개월은 된 상태였다. 뼈는 자라고 있었다. 주님 앞에 기도하면서 나아가니 두개골이 틀어지지 않는 원래의 모습으로 자리를 잡아 갔다. 하나님이 나를 통해 치유가 들어갈 때는 고통이 거의 없는 줄 알기에 안심하고 기도했다. 우리가 손톱 하나 깎아도 끝을 잘못 만지면 통증을 거의 못 느끼는 손톱도 아픈데 한쪽 두개골 전체를 만지는데 아무 고통 없이 치유하는 기적을 하나님이 보여 주셨다. 아이는 가만히 앉아 있었고 나는 주님이 알려 주신 대로 기도하고 있었다. 30분 정도 기도하고 나니 아이의 모습이 많이 나아졌다. 뼈만 맞쳐진 정도가 아니라 전체 뼈가 자라났으니까 상당히 많은 부분인데 하나님은 정확하게 자라난 뼈만큼의 뼈를 깎아 내신 것 같았다. 집으로 가서 잘 쉬라고 이야기해 주고 둘째 날 같은 시간에 기도 받으러 온 아이와 아이 엄마는 밝은 모습이었다. 첫째 날과 같은 기도가 진행되었고 두개골 전체의 뼈가 거의 정상에 가까운 모습으로 됐다. 셋째 날 기도도 첫째 날과 같이 진행되었고 얼굴 전체를 만지며 전체의 균형이 맞도록 기도가 들어갔다. 불편해하던 눈도 치유되었다. 완전 치유였다. 하나님께 영광 올려 드렸다. 그리고 아이와 아이 엄마에게 하나님이 완전 치유를 해 줬으니 6개월마다 병원 갈 일은 아니라고 말해 줬다. 한두 번 정도야 점검을 받으러 간다 해도 안 가도 될 정도로 완전 치유가 됐으니 갈 필요 없다고 말해 주며 하나님께 감사하고 더 믿음으로 나아가라고 말해 주었다. 이 모습을 보며 아이도 믿음이 자라고 잘 성장해 주기를 간절히 바라며 아이 부모도 믿음이 자라서 좋은 모습으로 성장해 주기를 바랐다. 기쁜 마음으로 동생하고 아이는 하나님께 감사 인사를 하며 갔다. 일주일 후 동생이 왔는데 상담을 했다. 아이를 둘 낳고 두 다리가 안 좋아서 한 시간 이상 서 있기 힘들다고 기도를 받으러 온 것이다. 바로 기도해 주었더니 다리에 힘이 생겼다. 완전 치유였다. 기도해 준 중에 주님이 체크해 주시기를 두 가슴 상태가 많이 안 좋다고 체크해 주셔서 말해 주었다. 기도 받지 않으면 나중에 유방암 걸릴 확률이 높다고 그랬더니 고백했다. 가슴이 아픈 게 느껴졌는데 그러려니 하고 살았다고. 그래서 두 가슴을 그야말로 성령이 시키는 대로 주물렀다. 동생은 몹시 아파했다. 그만큼 상태가 안 좋았던 것이다. 30분 정도를 주무르고 주물러서 기도해 주었더니 가슴의 아픔을 일으키는 모든 부분이 다 치유되었다. 완전 치유였다. 하나님께 영광을 올렸다. 하나님은 어마어마한 치유의 기적을 보여 주셨다. 완전 치유가 된 곳도 간증을 할 수밖에 없는 간증의 증거가 되었다. 믿음이 생겨난 만큼 간증을 하라고 해서 동생은 만나는 사람들에게 간증한다.

2001년 4월 새벽 4시. 동생이 전화가 왔다. 아이 아빠가 배가 많이 아프다며 기도를 부탁했다. 기도해 주며 10분 있으면 토할 것이라고 말해 주었다. 그리고 전화를 끊었는데 잠잠해져서 괜찮나 싶었다. 아침 8시에 동생과 남편은 사무실에 나타났다. 기도 받고 몸이 괜찮아지니 직접 기도 받고 싶어서 병원으로 안 가고 기도 받으러 왔다고. 그래서 사업장 바닥에 신문지를 깔고 눕게 했다. 파티션으로 가려 놓고 집중 기도에 들어갔다. 동생 남편은 장이 안 좋아서 장의 일부를 잘라 낸 상태였던 것이다. 그래서 외출하는 것을 조심스러워하고 화장실을 최소한 3번은 들락거려야 하루 일과를 시작할 수 있는 사람이었다. 이야기를 듣고 나니 완전 치유가 되어야겠다는 마음으로 기도에 들어갔다. 30분 이상을 기도가 들어갔다. 동생 남편은 아픔 없이 누워서 쉬는 모습으로 기도를 받았다. 완전 치유였다. 하나님께 감사드렸다. 그리고 사무실에 있던 간증 테이프를 주며 말했다. 집에 가서 들어 보라고. 하루가 지나고 동생 남편이 와서 하나님을 만난 이야기를 했다. 초신자라 믿음이 생겼다기보다는 하나님이 강

권적으로 전도해서 교회에 가서 설교를 듣고 다니는 정도이다 보니, 주일을 잘 지키는 것도 부담스러워하는 정도여서 하나님을 제대로 만나야 한다는 간절함이 있었다. 치유의 하나님을 만나고 집에 가서 편히 쉬면서 내가 준 간증 테이프를 부담 없이 들었단다. 듣는데 너무 편안해서 간증의 이야기에 집중할 수 있었다고 한다. 그러면서 천국을 보았고 지옥을 보았다고 했다. 그 이후에 아픈 일이 있으면 기도부터 받으러 온다. 하나님이 살아 계심을 증거하는 모습이다. 주일 예배에 빠지지 않는 것을 믿음의 소중한 모습으로 알고 실천하고 있다. 그 이후 한 번도 장 때문에 탈 난 적이 없다. 믿지 않는 사람들은 믿는 사람들의 이야기에 의심의 눈초리를 보내기도 한다. 정말로 천국과 지옥이 있냐고 묻는다. 성경에 분명히 증거되어 있고 예수님도 확실하게 천국과 지옥을 말씀하고 계신다. 이걸 믿지 않는다면 성경을 읽어 보라고, 직접 읽으면 알게 된다고 말해 주고 싶다. 교회에 한 번도 나와 보지 않으면서 말을 함부로 하는 것은 아니라고 본다.

　천지를 창조하신 하나님은 전지전능하신 하나님이라고 우리가 신앙 고백을 하는 것은 믿는 사람의 기본이듯이 삶의 모습에서 하나님께 나아가는 모습도 세상 사람들에게 보여 줘야 한다고 본다. 하나님은 자연을 통해서 말하기도 하시고 비를 통해서 말하기도 하시고 곡식이 익어 가는 것을 보고 말하기도 하시는데 사람들이 알지 못하는 것이다.

　2015년 9월 19일부터 2016년 1월 16일까지 신축 빌라 입주를 기다리며 4개월을 단독 1층에 머무른 적이 있다. 지어진 지 조금 된 집은 마당 한 평 정도에 2그루의 나무가 심어진 모습이었다. 하나의 나무는 아예 나이테도 보이지 않을 만큼 잘라 내서 나무 색깔도 잃어버린 듯한 모습이었다. 나무를 보며 그냥 안쓰러웠다. 그 나무에게 소리 내지 않고 말을 걸었다. "나무야, 싹을 틔워야지. 잎을 피워야지." 그러고 지나갔다. 놀라운 일이 생겼다. 내가 나무에게 말을 걸었던 건 10월 초였는데 가을이 익어 가는 10월 15일 정도에 너무 또렷하게 나무에 새 가지가 올라온 것이었다. 다른 나무는 나무가 가을의 모습을 그대로 노출시키는데 내가 말을 건 나무는 계절과 관계없이 추워진 날씨가 아무렇지 않은 듯 쭉쭉 뻗어 올라갔다. 가지가 뻗어 올라가더니 힘이 있는 모습을 드러내며 잎이 생기고 많은 가지를 무성히 내며 쑥쑥 자라고 겨울에 눈이 오는데도 초록초록 잎이 돋아 올라왔다. 영하의 날씨인 건 상관없었다. 하나님은 나에게 보여 주신 것이다. 나는 많은 사람에게 전지전능하신 하나님을 간증할 수 있었다. 그리고 간증했다. 내가 이사해서 머물던 신축 빌라도 나무 한 그루가 심겨 있었는데 나무 이름도 적혀 있지 않고 나무는 무성히 자라며 쑥쑥 올라왔다.

창문을 열기가 조심스럽게 날파리가 있었다. 5층 우리 집까지 날파리가 날아오지 않게 하려고 빌라 총무에게 말했다. 저 나뭇가지를 쳐 달라고. 알았다고 하고서 일 년이 지나갔다. 나무는 더 자라서 2021년 4월에 창문을 여니 많이 자라 있었다. 앞집에서 잘 꾸며 놓은 화분들은, 보는 사람마다 이쁘다 이쁘다 할 정도로 이쁘게 꽃을 피우고 있었다. 바라보다가 이 나무를 보면서 아무 말 없이 지나갔다. 그리고 4월 29일. 여전히 나는 창문을 열고 밖을 바라보았다. 봄이 따뜻하게 비치고 있어서 집집마다 있는 화분들에는 꽃들이 예쁘게 예쁘게 자라고 있는 걸 보면서 이 나무는 여름 내내 많은 날파리를 있게 하면 안 될 텐데 싶어서 나무에게 말을 걸었다. "이 한심한 나무야, 다른 나무들을 봐라. 다른 나무들은 꽃을 피우고 열매를 맺으며 이쁘고 예쁜데 너는 뭐 하냐? 너는 꽃을 피우길 하냐, 열매를 맺기를 하냐?" 하고 문을 닫았다. 놀라운 일이 벌어졌다. 5일 3일 정도에 창문을 열던 나는 뭔가 다른 느낌이 있어서 나무를 바라보게 되었다. 처음 보는 모습이었다. 이 나무가 꽃을 피우다니. 그것도 3~4일 만에 아주 신비로운 보라색 꽃이었다. 작은 꽃이 아니고 아주 화려한 꽃이었다. 가지마다 꽃이 피어오르고 있었다. '잘못 보지 않았겠지.' 하고 다시 뚜렷이 보았다. 처음 보는 보라색, 그것도 아주 화려한 꽃이었다. 한 달 이상을 지지 않고 꽃은 피어 있었다. 하나님은 봄이 아닌 초여름 가까운 날씨에 꽃을 피워 보여 주신 것이다. 살아 계신 하나님을 나는 일상생활에서 만나고 음성을 들으며, 내 음성에 귀를 기울이시는 하나님을 만나고 있다. 나는 기도하는 주의 종이다. 하나님은 내가 실망하지 않도록 하나님이 얼마만큼 귀를 기울이고 계신지를 보여 주신 것이다. 나는 그래서 말을 조심한다. 내가 하나님을 증거할 때마다 반드시 하는 이야기가 있다. 기도로 무장하라고. 믿지 않는 사람들은 이 세상 사는 게 다인 줄 알고 놀아 보자, 취해 보자 한다. TV 광고를 보면 거기에 초점이 맞춰져 있는 것 같다. 유명 연예인들이 맥주 한 모금 마시고 멋있는 폼 지어내면 그게 멋있는 줄 알고 술은 원 없이 팔리고 유명 연예인이 명품 가방 하나 들면 그게 멋있는 줄 알고 백화점 앞에 줄을 서고 한마디로 마귀의 속삭임은 그렇게 다가오는 것이다. "취해라, 마셔라. 네가 못 느끼게끔 너를 무너뜨려 줄게."

　　내가 금요일 철야 예배는 자주 가는 편이 아니었는데 2012년 9월 28일 정도 철야 예배에 가려고 길을 나서서 8시에 철야 예배니 7시 30분 정도 교회 도착을 바라보고 길을 걷고 있었다. 교회를 10m 앞두고 도로변에서 한 모습을 보게 되었는데 건장한 남자 경찰 두 명이 안절부절못하며 취해서 누워 있는 여자 취객을 보고 있었다. 내가 옆을 지나가니 부탁을 했다. 이 여성분 좀 일으켜 달라고. 내가 그랬다. 본인들이 하면 되지 않냐고. 그랬더니 경찰 두 명이 일으키다가 성추행이니 그럴까 봐 조심스럽다고 부탁한다고. 그래서 다가가서 일으키려고 오른손을 뻗으니 주님의 음성이 들렸다. 더럽다고. 나는 멈칫했다. 그래서 손가락만 댔다. 일어나라고. 이때 나는 알게 되었다. 술을 마신다는 것은 단순히 더러운 게 아니라 술에 절어서 술에 몸을 맡겨서 자기 자신이 누군지 알지 못한 채 내팽개쳐 있는 모습이 더러운 모습이란 것을. 주님이 취하는 것을 얼마나 조심하라고 하시는지 알 수 있었다. 술을 하지 않는 가족들에게 당부하고 당부한다. 술 마시지 말라고. 마셔도 조심해서 마시라고. 최대한 금주하는 게 좋다고. 마귀는 술 문화라는 이름을 댈 수 있는 것에 다 갖다 대면서 마시게 하고, 폭탄주를 만들어서 마시게 하고, 그것도 모자라서 알 수 없는 마약들을 만들어 내며 취하게 하고, 사람을 무너뜨리고 삶을 무너뜨리고 담배에 취하게 만들어서 멀쩡한 몸 병들게 만들고, 쾌락에 취하게 만들어서 삶을 유지할 수 없게 만들고 도박에 취하게 만들어서 있는 거 다 뺏어 가고, 물질에 취하게 만들어서 갑질하게 만들고, 사람이 안 보이게 만들고, 가족이고 뭐고 없이 인정사정없이 싸우게 만들고, 권력에 취하게 만들어서 하나님을 두려워하지 않게 만들고, 권력을 움켜쥔 양 휘두르다가 망하는 사람을 힘들게 만들고 개인주의에 취하게 만들고 혼자 있어서 우울에 빠지게 하고 자기가 남자인지 여자인지 모르고 흐트러진 삶을 살고 이런 것들을 마귀가 하고 있다는 것을 분명히 알고 깨달아서 예수 앞으로 와야 한다고 증거한다. 예수만 만나면 선명해지고 밝아지고 위로를 받고 나아가는 삶을 살지언정 뒤로 물러감이 없게 만드시는 하나님을 만나야 한다고 증거한다.

기도를 받으러 오신 분들 중에 우울함에 빠지고 낙심에 빠져 좌절하신 분들은 상담을 하다 보면 한 시간 정도 지나면 치유되고 있음을 알 수 있다. 말씀으로 치유되는 것이다. 생사화복을 주관하시는 하나님을 증거하며 많은 증거를 이야기할 수 있다. 유명 정치인이며 유명 연예인이며 주님은 세상을 떠나기 한 달 앞서서, 일 년 앞서서 가르쳐 주신 일들이 많다. 2011년 일본 대지진도 하나님은 일 년 앞서서 알려 주셨다. 하나님은 내 나이 8살에, 만 7세에 예언의 은사를 주셨다. 그래서 기도를 많이 한다. 말을 함부로 하기도 조심스럽다.

꽃이 웃다

꽃이 웃다.

꽃이 웃어 준다.

나도 웃어 본다.

꽃 따라 웃다 보니 마음이 예뻐진다.

해바라기

해바라기

꽃이

줄기 뻗어

기지개

켜며

올라간다.

으흠

으흠

자랑할 거

많은

개구쟁이

소년 같다.

진달래꽃

진달래
꽃마당이
눈 걷힌
산허리에
펼쳐진다.

소녀들은
멜빵 치마
곱게 차려입고
치마폭
펼치며
진달래꽃 따 모은다.
입가에 진달래가
향기롭게
피어난다.
소녀들은
부자다.

봉숭아꽃

마당에서
피어오른
담장 밑의
봉숭아꽃
소녀의
손톱 위에
물들었다.
첫눈 올 때까지
지워지지 않으면
첫사랑이
이루어진다는
소녀의 마음은
손톱을
지키고 싶다.

멋짐

봄은
봄 같지 않게
게으르며
지친다.
봄은
부지런해야
멋있다.

여름은
너무
타오르며
지친다.
냇가로
바닷가로
들녘의
나무 밑으로
모여들게 해야
멋있다.

가을은

쉰
내
풍기는
낙엽 뒹구는
한숨
쉬면
지친다.
산자락
단풍 물들여
따뜻하게
해야
멋있다.

겨울은
겨울답지
않게
너무 얼어 버려
손 얼얼
발 동동
거리게 하면
지친다.
뽀송뽀송 눈 내려
두 팔 벌리게 해야
멋있다.

여름 풍경의 위로

긴 장마에

비 내리는 날

여름 내내

탱탱 살찐 옥수수

삶아 올리고

흙 걸어 올려 내놓은

토실토실 감자

삶아 올리고

노란 기름에 널찍이 지져 낸 부침개

소쿠리에 담아

가족들

모여 앉아

풍성히

누리는

그걸로

위로가

된다.

다독이는 것

여름

들깨밭을

지나면

들깨 냄새가

들녘을

보드랍게 만들고

내 밭인 양

주인 된 마음으로 풍성한 가을 준비한다.

겨울

눈 덮인 산은

나무들의

허물을

다

덮어 버린 듯하다.

그래서

땅은

숨 쉰다.

같이

사는 것

살아가는 것

살아 내야 하는 것
서로 그래야 한다고.

수확

갯벌
내음은
푸르다.
바다 짠 내는
가슴을 펴게 한다.
새벽 바다
걷어 올린
어부들의 수고는
그을린 팔뚝 위에
흐뭇한 미소 그리며
풍성한 생선과 함께
집으로 향한다.

2022년 5월 13일 오전 9시 시흥동 799-13, 주차장에서 감사 예배를 드렸다. 5년의 간절한 기도, 5년의 긴장된 설렘, 그 모든 걸 담아서 설렘이 가득한 감사 예배를 드렸다. 2017년 4월 2일 6개월 기도 후 한울중학교 옆으로 매장을 내라는 응답을 받고서 오픈하게 된 여동생 카페에서 개업 감사 예배를 드리고 나와서 바라보게 된 이곳이다. 50m 앞으로 펼쳐진 단독 주택들은 가지런히 질서 있게 봄 햇살 어울리게 모여 있었다. 내가 바라보게 된 단독 주택 2채는 기도해야 할 곳이라고 여기에 건물을 사야겠다고 다짐하면서 5년의 기도를 하게 되었다. 2년 후 하나님은 응답을 주셨고 여동생에게도 매장을 이전하는 쪽으로 이야기해서 그렇게 하겠다는 말을 하나님이 하실 것으로 구체적으로 바라보게 되었다. 주변의 땅도 값이 올랐는지 알아보게 되고 대금 준비를 해야 하는 과정도 필요했고 하나님이 해 주셔야만 가능한 이야기이기에 여기 땅이 되어 가는 과정을 가족들에게도 이야기하지 않고 기도했다. 건물이 팔려야 하고 건축주가 나서야 하고 두 단독 주택이 팔려야 하고 두 단독 주택이 서로 동의를 해야 하고 건축주와 가격이 맞아야 하고 건물이 지어지더라도 주상 복합으로 지어져야 하고 1층 상가가 분양이 되어야 하고 기도하지 않으면 안 되는 것이다. 2021년 10월 엄마가 와서 건물 하나가 지어지고 있다고 말씀하셨다. 위치를 물으니 내가 기도하는 곳이었다. 2022년 1월부터 건축주에게 다가가 말하라고 했다. 이 건물 1층 상가를 사겠다고. 하나님이 하셔서 건축주가 동의했다. 값을 많이 불렀다. 그 말을 듣고서 기도하면서 설득을 해서 하나님이 하셔서 일부 조정되었다. 그랬더니 여동생이 금액이 높아서 다른 건물을 알아보자고 했다. 안 된다고 했다. 하나님이 기도를 심게 했고 이곳에서 해야 한다고 해서 오픈이 된 곳이다. 여동생 매장도 이전하게 된 곳이다. 주님은 열음선교센터도 구체적으로 일하게 하시고 기도 쉼터로 운영하게 하셨다. 이곳은 복음의 사역지, 전도 사역지, 선교 사역지다. 주님은 200평으로 바라보라고 말씀하셔서 그렇게 가족들에게도 전했다.

예수님은 보리떡 5개와 생선 두 마리로 오천 명을 살리셨다. 여자와 아이를 빼고. 이 말씀이 그대로 믿어야 하고 믿게 되는 것이다. 많은 사람에게 예수 믿으라고 말을 건네며 성경책을 나눠 주며 그들에게 다가갈 때 하나님이 하셔서 그들이 거절하지 않는다. 이게 하나님이 하시는 거다. 5년의 기도가 이루어져 가고 하나님 나라가 확장되어 감을 바라보게 된다.

예수님의 옷자락을 만진 혈루병 여인이 나음을 입고 눈먼 자가 눈을 뜨고 그러한 기적이 예수님의 십자가의 달리심으로 그 고통 중에 그 아픔 중에 못 박은 자들을 용서하라던 주님의 간절한 기도가 십자가를 부활하심으로 말미암아 우리는 영원한 생명을 얻게 되었다. 구원을 널려 있는 비스킷으로 보면 안 된다. 세상 사람들이 널려 있는 소금의 맛은 알면서 소금의 귀함도 알면서 예수 믿으라는 말에는 덤덤한 것은 구원이 얼마나 귀중한 것인지 우리 힘으로는 얻을 수 없는 것임을 알지 못해서이다.

요한복음 3장 16절 말씀같이 독생자를 주셔서 이 세상을 구원케 하신 그 사랑의 감사함을 알지 못해서이다. 깊은 바다의 수많은 물고기가 벅찬 숨을 내쉬지 않고도 자유롭게 숨 쉬며 싸우지 아니하고 하나님의 창조의 질서에 맞게 움직이고 있는 것은 물속에 산도가 있기 때문이다. 하늘을 나는 수많은 새가 힘차게 날갯짓을 하면서도 지치지 않고 날 수 있는 것은 공기 중의 압력을 작은 몸으로도 버틸 수 있는 에너지와 산소가 있어서이다. 하나님의 창조의 질서이다. 물고기는 물을 떠나면 죽는다. 물속에서만 사니 답답할 거라고 생각하는 것은 아닐 것이다. 예수 믿는 사람들이 예수의 십자가를 만나고 무릎을 꿇고 기도하며 찬양하며 말씀을 읽으며 예배를 드리며 교회에 모이는 것은 주님이 가장 예뻐할 모습일 것이다. 예수를 믿으면 숨을 쉴 수 있다. 평안의 숨, 안도의 숨, 기쁨의 숨, 사랑의 숨. 그래서 서로 사랑할 수 있는 것이다. 예수의 생명의 산소를 만나야만 이러한 평안의 복이 주어지는 것이다. 기도하지 않으면 알 수 없는 것을 현미경으로 보지 않아도 하나님은 보여 주시고 들려주시고 알 수 있게 하신다. 많은 믿음의 사람들이 증거하고 또 증거할 것이다. 새들도 쉬어 가고 영양분을 얻고 노래를 부르며 다시 날 준비하듯이 사람은 말씀대로 수고하고 무거운 짐 진 자 다 내게로 오라는 말씀처럼 그렇게 하면 되는 것이다.

학교에서 청소년들에게 벌어지는 학교 폭력, 언어폭력. 그것은 예수 사랑의 숨 쉼이 부족한 공간에서 벌어진 일들이다. 다른 사람의 아픔에 공감하지 못하고 이웃을 멸시하는 것도 예수 사랑의 숨 쉼이 부족해서이다. 그래서 우리는 전도해야 한다. 예수 숨 쉼에, 예수 구원의 숨 쉼에, 예수 부활의 숨 쉼에 각자의 공간에서 가정에서 사회에서 나라에서 세계에서 이루어지도록 해내야 할 예수님의 명령인 것이다. 주저함이 없어야 한다. 그래야 해낼 수 있다.

2011년 11월 10일 정도. 저녁 10시 정도에 제부의 전화가 왔다. 여동생이 많이 아파한다고 해서 사무실로 데리고 오라 했다. 도착한 여동생은 상황이 말이 아니었다. 많은 중풍 병자를 만나 보지 못했어도 이 상황은 기도가 많이 필요한 상황이라는 것을 알 수 있었다. 제부도 당황해하고 있었다. 불빛에 동생을 자세히 보니 눈은 튀어나와 있고 코뼈는 삐뚤어져 있고 광대뼈 한쪽이 튀어 오르고 입은 많이 돌아가 있고 치아는 전혀 균형이 맞지 않고 아파하고 고통스러워하고 있었다. 병원으로 데려갈 상황도 아닌 것 같았다. 데려간다고 방법이 없는 것을 그냥 알 수 있었다. 나는 침착히 기도했고 주님은 한 달 기도하라는 응답을 주셨다. 동생에게 차분하게 이야기했다. 한 달 기도를 받으면 낫는다고. 한약이든 침이든 아무것도 하지 말라고. 그렇게 하겠다고 순종하며 기도를 받았다. 사무실 바닥에 누워서 한 시간 가까이 기도를 받으니 두통이 가라앉고 귀 찢어짐의 아픔이 가라앉고 튀어나온 눈이며 코뼈며 치유되는 과정이 보였다. 가족들을 놀라게 할 필요가 없어서 아무에게도 알리지 않는 게 필요했다. 그래서 일주일 지나서 가족들은 알게 되었다. 여동생은 나를 도와 사무실에서 일할 수 있어서 매일 사무실로 나오게 했다. 집에 있으면 우울증에 걸리기 너무 좋은 상황이었다. 치열이 맞지 않으니 음식을 잘 씹을 수 없는 상황이었다. 딸들이 있는데 이제 막 성장기인 중3 딸, 고1 딸이라 상처받지 않는 게 중요했다. 이 모든 걸 기도하며 나아가야 믿음이 흔들리지 않아야 할, 낙심하지 않아야 할, 기쁨으로 나아갈 수 있게 해야 할, 그래서 나음과 치유의 하나님을 만남과 하나님께 영광 돌릴 일이 있다는 것을 알게 되었다. 매일 아침에 오면 30분씩 기도했다. 하나님은 아주 빠르게 치유시켜 주셨다. 치열도 맞게 해 주셨고 한 달이 됐을 때 완전 치유였다. 하나님이 낫게 했으니 하나님께 영광 돌리자고 하고서 이제는 마음 편하게 있으라 했다. 처음 기도를 받은 지 2일 후에 연약한 마음에 가까운 한의원 가서 한약도 지어 오고 침도 맞아서 저녁에 귀가 찢어지도록 아프다며 왔던 모습도 있었다. 하지 말라는 것을 하지 말라고 회개하라고 하면서 약은 바로 버리라고 했다. 침도 맞지 말라고 당부를 했다. 회개하고 순종해서 나은 것이다. 그 후로 동생은 간증하며 하나님께 영광 올린다. 나는 기도하는 주의 종이다. 예수 믿는 사람이 기도하는 것은 당연한 거 아닌가 싶기도 하겠지만 하나님은 내게 말하게 하신다.

나라와 민족을 위해 기도할 수밖에 없고 하나님의 나라를 위해 기도할 수밖에 없고 이웃을 위해 가족을 위해 기도해야 하고 기도의 시간을 만들어 주시고 기도하는 환경을 만들어 주시고 스마트폰 안 하게 하시고 많은 볼거리에 관심 갖게 안 하시고 얼마만큼 절제해야 얼마만큼 경건해야 얼마만큼 침묵의 시간에 나아가야 기도의 삶이 기도의 시간이 쉬지 않고 이루어질 수 있음을 알기에 많은 기도 응답과 많은 치유의 기도와 믿음으로 이끌 수 있는 힘을 주신 하나님 앞에서 숨길 수 없는 것이다.

기도를 받기 원하는 사람들에게 제일 먼저 하는 말이 "예수를 믿으십니까?"이다. 믿는다고 고백하면 바로 기도를 준비하라 한다. 3일 이상은 기도를 준비하라 한다. 기도를 받으며 바로 치유되는 모습을 보며 기쁨의 눈물을 흘린다. 하나님께 감사 기도를 드린다. 하나님께 영광 올리고 전도하라는 당부를 한다. 믿지 않는다 하면 예수 믿으라고 권면하고 말씀 전하며 영접 기도문을 쥐여 준다. 영접 기도를 한 후에 만날 수 있다고 이야기해 준다. 그래서 전도가 된다. 기도하고 나면 쉼의 시간이 필요하기에 더더욱 전화 통화를 하지 않는다. 그래야 기도의 시간이 이어질 수 있기에.

우리나라가 통일이란 관심에서 많은 조사를 하는 걸로 안다. 조사할 시간에 기도하면 된다. 하나님이 해 주실 줄 믿고 복음 통일은 반드시 될 것이다. 서로 싸울 필요 없다. 청소년들이 예수 믿고 믿음의 산소가 많아지면 자연스럽게 학교 폭력이 사라질 것이다. 나라 곳곳에 다툼이 있는 자리에 예수 사랑의 산소가 있게 되면 잠잠해짐이 분명하다. 그래서 공무원들, 선생님들, 정치인들, 경제인들, 예술인들, 이들은 예수를 믿어야 한다.

2019년 1월 15일 정도 오후 5시에 엄마가 집으로 오셔서 하시는 말씀이 일산에 사는 올케가 눈을 다쳤다고 병원 응급실로 갔는데 상황이 좋지 않다고 회사에 근무 중인 남동생한테서 전화가 왔다고 했다. 데리고 와야 하는데 어떡하냐고 했다. 그래서 유하준 집사님에게 일산으로 가 달라고 부탁을 해서 출발해서 데리고 오니 저녁 9시였다. 신발을 벗기 전에 올케의 모습을 보니 두 눈을 붕대로 감아 놓아서 부축을 해야 할 상황이었다. 올케가 안도하는 마음으로 "형님!" 하고 안 보이는 눈으로 쳐다보았다. 심각한 상황인 걸 알지만 내색하지 않고 괜찮아질 거라고 안심을 시켰다. 기도를 받기 전 내용을 들어 보니 평상시처럼 식염수를 사용했는데 사용하고 보니 식염수가 아닌 화학 성분이었단다. 너무 눈이 아파 큰 병원에 갔는데 진단 결과 각막 손상이 너무 심해서 실명할 마음의 준비를 하라고 했단다. 그 이야기를 듣고 나서 마음이 많이 힘들었는데 다른 방법이 없냐고 물으니 방법이 없다고 했단다. 응급 처치로 약을 처방해 주고 붕대를 감아 돌려보낸 것이다. 병원 오는 날 약속을 하고서 집으로 가서 누워 있는데 '기도 받아야 되는데.' 이 마음이 간절했단다. 눕혀 놓고 붕대를 열어 보니 부어 있는 정도가 아니라 양쪽 눈 자체가 붉은색이었다. 기도하기 시작했다. 상처에 손을 댈 수 없으니 최대한 눈 가까이에 손을 얹어 놓고 기도했다. 한 시간이 지나자 붉은색이 조금은 사라졌다. 한 시간을 더 기도하자 붉은색이 많이 걷히고 부기가 가라앉고 각막이 치료되고 있었다. 올케에게 물었다. 보이냐고. "처음에는 아무것도 안 보였는데 조금은 보여요." 했다. 한 시간을 더 기도했다. 많이 편해졌다고 말한다. 한 시간을 더 기도했더니 다 보인다 했다. 각막이 완전 치유된 것이다. 하나님은 완전히 치유해 주셨다. 치유가 되니 올케는 기운이 나는지 안부도 물으며 이야기하며 기분이 괜찮아진 것 같았다.

다 치유됐으니 잠을 좀 자라 했다. 옆에 앉아 계시던 엄마도 기뻐하시며 편안해지셨다. 하나님께 영광 올리고 3시간을 잔 다음에 출근 시간 전에 일산에 도착해야 해서 일찍 보냈다. 유하준 집사님 차를 타고 일산에 도착한 올케는 조금 쉬었다가 병원 문이 열리는 시간에 가서 보여 줬더니 의사들이 놀랐단다. 눈이 완전히 회복된 걸 보면서 무엇을 했냐고 물어봤단다. 올케는 마음으로 하나님이 해 주신 걸 감사하면서 돌아왔단다. 조금 더 적극적으로 의사들에게 나는 크리스천이고 기도를 받아서 나았다고 간증했으면 더 좋았을 텐데. 감사한 마음이 크다 보니 간증하는 것을 미처 못 했나 보다.

2009년 10월 25일 정도 카페 운영하는 여동생이 새벽부터 아파한다고 조카가 전화가 왔다. 새벽 4시여서 전화로 기도해 주고 괜찮아지겠지 싶었다.

새벽 6시에 조카가 또 전화가 와서 괜찮아진 듯하더니 또 아파한다고 해서 택시 타고 같이 병원에 가자고 해서 여동생을 태우고 영등포 대림병원 응급실에 도착했다.

여동생은 택시에서도 발버둥을 치며 아파했다. 응급실에서도 소리를 지르고 발버둥을 쳤다. 의사들이 달려오고 진통제를 놔 주었다. 소용이 없었다. 한 시간 가까이를 너무 힘들어해서 차분히 의사에게 물어보니 본인들은 알 수 없고 9시가 되면 입원실로 올라가서 입원을 하고 검사를 받아야 한다고 했다. 의사가 제일 센 약으로 줬다고 했다. 소식을 듣고 가족들이 응급실로 달려왔는데 기도하고 있어서 조금은 덜 아픈 모습으로 있는 무습을 보고 가족들은 집으로 샀다. 응급실에서 한 것은 소변 검사, 피 검사였다. 입원 절차를 받고 병실에 입원하니 전화가 와서 피 주사를 맞으라 했다. 빈혈이 나와서 주사를 맞아야 한다고 했다. 내가 아니라 했다. 간호사는 강조했다. 특진 의사 선생님이 맞으라 했다고. 내가 간호사에게 주사 놓지 말라고 했다. 강력하게 말하자 간호사는 돌아갔다. 동생은 구토를 했다. 차분하게 손을 올려서 기도를 하기 시작했다. 주님이 체크해 주시니 장이 완전히 꼬인 것이었다. 한 시간 후에 구토가 멈추고 잠잠히 편안해진 모습이었다. 한 시간을 더 기도하자 완전 치유되었다. 오후 1시에 간호사에게 퇴원을 해야겠다고 말했다. 다 나아서 퇴원해야 하니 절차를 밟아 달라고 했다. 간호사가 CT라도 찍고 가야 한다고 말해서 CT 하나 찍고 오후 3시에 나왔다. 동생은 나와서 하나님께 감사하고 나에게도 고맙다고 했다. "언니, 고마워." 이 말 외에 다른 말을 하지 않아도 고마움을 알 수 있었다. 많은 사람이 기도를 받고 치유된 내용이 많지만 주님이 체크해 주신 대로 1/3 정도만 이야기해도 된다고 말씀하셔서 이 정도로 한다.

　　예수 믿는 사람으로서 가장 불편한 이야기가 있다. 진화론이다. 한마디로 말하면 이것은 무너져야 할 대상이다. 나에게 물어보면 이것은 아주 작은 부분인 것이다. 전체는 부분을 알 수 있고 설명할 수 있지만 아주 작은 부분은 전체를 알 수도 없고 설명할 수도 없는 것이라 주장만 할 뿐이다. 옥수수수염 한 가닥에 현미경을 대고서 이야기하고 있는 것이다. 옥수수를 수확하고서 옥수수 알맹이 색깔이 무엇인지 알려면 껍질을 벗겨 보아야 한다. 완전 노란색인 옥수수도 있고 검붉은 옥수수도 있다. 전부 노란 옥수수에 검붉은 옥수수 알갱이가 한두 개 있는 것도 있다. 전부 검붉은 옥수수에 노란 알갱이가 한두 개 있는 것도 있다. 그렇지만 한두 개를 가지고 이야기하지 않는다. 이것은 노란 옥수수고 검붉은 옥수수인 것이다. 낙타가 지방이 적으면 혹이 작아진다는 이야기는 무엇으로 설명해야 할 것인가? 긴코원숭이가 한 지역에만 사는 것은 무엇으로 설명해야 할 것인가? 80억 인구가 지문이 다 다르다는 것은 무엇으로 설명해야 할 것인가? 버섯도 식용이 가능한 버섯이 있고 먹으면 목숨이 위험한 독버

섯이 있다는 것은 무엇으로 설명해야 할 것인가? 복숭아도 돌복숭아가 있고 빛깔 고운 복숭아도 있는 것이다. 화가가 자기가 만든 작품을 진짜인지 가짜인지 보지 않아도 바로 알아볼 수 있듯이 천지를 창조하시고 인간을 흙으로 빚으시고 하나님이 만드셨다고 직접 말씀하시고 만드신 이가 말씀하시는데 지구의 한 섬의 이야기, 갈라파고스 이야기, 그 아주 작은 부분으로 진화론을 이야기하는 것은 아니라고 본다.

하나님의 창조는 하나님만이 아시는 것이다. 성경이 말씀으로 천지를 창조했다고 말씀하고 있는데 말씀 그대로 믿으면 될 것인데 아닌 거에 귀를 기울이는 자체는 아니라고 본다. 하나님은 유전자도 만드셔서 우성 유전자, 열성 유전자도 만드신 분인데 그래서 모든 하나님이 지으신 모습이 보기 좋았더라고 말씀하신다. 하나님이 창조하신 거에는 당연히 생명을 말씀하시고 생명을 보여 주시고 만드신 이가 하나님 자신이라고 말씀하고 계시는데 당연히 믿어야 한다.

나는 모태 신앙은 아니다. 6살 겨울, 전도하러 오신 나이 많으신 전도사님 부부가 큰 소리도 아니고 수줍게 엄마에게 안부를 물으며 교회 한번 오시라고 그렇게 두 번 전도하러 오신 그 수줍어하던 모습에 나는 말하지 않아도 교회에 가야겠다고 마음먹었다. 내가 너무 어려서 데리고 갈 사람이 필요하다고 느꼈다. 하나님이 하셔서 엄마가 바로 새벽 예배부터 시작하셨다. 혼자 가는 게 좀 그러셨는지 나를 깨우셨다. 그래서 새벽에 엄마와 같이 6개월을 다닌 것 같다. 새벽 예배에 가면 전도사님 두 분 말고는 아무도 없었다. 개척 교회여서였다. 집에 온 것처럼 너무 편안했다. 그래서 불평하지 않고 엄마가 깨우든 안 깨우든 간에 나는 일정한 시간, 4시 30분에 일어나서 같이 교회에 참석했다. 엄마는 그러다가 안 다니셨다. 나는 그래서 주일 예배에 참석했다. 신앙은 이어졌고 열두 살에 다른 교회로 옮겼을 때 교회의 여름 수련회에서 방언을 받았다. 하나님은 온 가족 전도를 기도하는 기도를 다 응답해 주셔서 온 가족이 하나님 앞에 전도가 되었다.

여기 금천구 시흥은 나의 적극적인 권유로 온 가족이 모여 있는 곳이다. 부모님이 여윳돈으로 방배동에 집을 하나 사실 계획을 하고 알아보고서 맘에 드는 집이 있어서 계약할 날짜를 잡고 계약금을 찾으려고 은행에 가셨는데 출금 전표에 도장을 찍는데 도장이 부러졌단다. '이 집은 계약하면 안 되겠구나.' 하는 마음으로 집으로 오셨는데 일주일 후 벽산건설 본부장으로 계시던 사촌 언니 형부가 전화를 했다. 자주 안부 전화를 하던 형부여서 아버지가 이야기를 했는데 금천구 시흥동에 벽산건설에서 3,000세대 아파트를 짓고 있으니 와서 보시고 하나 사 놓는 게 좋다고 권유해서 와서 보니 벽산아파트가 완성되어 있었단다. 산에서 가까워서 평지 쪽으로 아파트를 하나 사 놓으신 것을 가족들은 알고 있었지만 가 보지는 않았다. 부모님 도움이 필요했던 내가 먼저 금천구 시흥동에 오게 된 것이다. 여기 금천구 시흥동은 서울에서 보기 드물게 전통 시장이 4개나 된다. 거리마다 활기차다. 지방에 가지 않아도 상인들의 활기찬 모습을 볼 수 있다.

2023년 5월 16일 주님이 응답하신 대로 벽산상가 1층을 구입하게 되었다.

　2025년 5월 1일 세입자를 내보내고 열음선교센터가 지경이 넓어진 모습으로 문을 열게 되었다. 주소는 금천구 시흥동 1013-7, 1층이다.

2부

·

별을 만나다

별을 만나다

비 구름은
별의 존재를
숨기고 싶어 하는 것 같다.

별은
만남의 시간을
기다리며
그 자리에서
빛나고 있다.

찬란함을
수놓으며
만나 준다.
별을 만나다.

따뜻한 겨울

코끝

찡

시린

눈물

닦아 가며

겨울

언

길을

걷다 보면

군밤

익어 가는 화로

붉게 달군

숯은

숯이 아니다.

따뜻함이다.

손을

녹여 주고

가슴을

펴게 하고

군밤

손에 쥐게 하는

따뜻함이다.

팥죽 한 그릇

시장에서
파는
뜨끈한
팥죽은
발걸음 쉬게 하는
여운이다.

온 가족
나들이 날
큰 찜통에
끓여 온
엄마의
팥죽은
사랑이다.
두고두고
보아도 싫지 않은
명작이다.

대접받은
팥죽은

위로다.
힘내야 할
의무다.

소년이 그린 그림

함박눈

내린 날

소년은

두꺼운 점퍼 입고

두꺼운 장갑 끼고

무장하고

길을 나선다.

함박눈

맞으며

눈을 모은다.

눈으로 만든다.

눈사람

크게 만들고

웃는다.

햇살 가득하면

서서히

녹을 거란

걱정은 하지 않는다.

부자가 되는 연습

많이

가지고

많이

누리고

사는 게

자랑만은 아니다.

나의 자랑이

다른 사람의

눈물이 될 수 있기에

고개 떨군

이를 위해

베푸는

많이 가짐은

같이 살아가는

바탕이 되고

손잡고 가는

이끌어 감이

되고

삶이 부자가 된다.

꾸짖음이 그리운 시대

어른이 필요하다.
꾸짖어 주는 이웃 어른이
필요하다.
꾸짖어 주는 사회의
정의가 필요하다.
놀랄 일 만들지 말라고
꾸짖어 주는 사회는
지혜로
물고기 낚는
죽방과
같다.
그 자리에서
지키고
밀물과
썰물을
관리하는
지킴이 된다.

울지 않는 눈물

소리 내
울지 않아도
다짐해도
눈물이 난다.
너무 아파서
너무 괴로워서
눈물이 절로 흐른다.
그냥 흐른다.

주님이
닦아 주신다.
마음이 평안해지는
눈물
감사의 눈물
나아가는 눈물

기도하는 무릎

하나님을
바라보며
두 손 모으며
이루어질 줄
믿으며
고백하며
나아가는
신앙의 고백과
순종하고자
나를
만들어 달라고
내 손
잡아 달라고
기도
하는
무릎은
아프지 않다.

바닷가

파도가
쓸고 가고
비바람이
깎여 낸
버텨 낸
바위는
시간을 견뎌 낸
모습으로
바다를 바라본다.

배가
물길에 닻을
내리고
모래 사박사박
견뎌 낸
곳은
푸르른
수평선
바라보게 한다.

호수의 화폭

호수의
화폭은
웅장하다.
잔잔하면서
흐르는 듯
나무를 그리고
산을 그리고
하늘을 그리고
구름을 그리고
그려 내는
색 또한
있는
그대로의
모습으로
더함도
덜함도
없이
자유롭게
계절마다
그려 낸다.

기다림

기다림에는
많은
이야기가
있다.

사랑이 있다.

인내가 있다.

소망이 있다.

그래서
기도한다.

용서

용서
용기가 필요하고
눈물이 흘려지고
그래야
된다는
거룩한
마음이
비전의
사랑의 표현

용서하지
않으면
용서하지
못하면
기도하며
나아가기
힘들다.

주님의
용서

하심 앞에
순종할 수밖에 없다.
순종의
무릎을
사랑하신다.

빚어진 자의 축복

하나님이
흙으로
빚음으로
지어진 자

그래서
하나님을 알아야 하는 것
아는 것이 축복이다.
믿는 것이 축복이다.
만나는 것이 축복이다.

그대로 있어야 좋은 것

처음 감사

처음 기쁨

겸손의 마음

배려의 마음

나누는 마음

따뜻한 마음

인내의 마음

절제의 마음

세상은 믿어 줌으로

이어 가는 것

놀이터

시소가

높이 오르내리고

그네 탄

아이들

밀어 주는 엄마의

미소가 있고

갖가지 놀이 기구마다

아이들의 재잘재잘

신나게 노는 곳

해 질 무렵이

되어

어른들도

나들이 나와

쉬는 곳

나무 그늘

밑에서 노는 아이

그림 같은

풍경이다.

버텨 주는 이들

작은 수레에
하루 종일 모은
폐지 싣고 가는
힘겹게 버티며
견뎌 내는 모습

1,500도의
쇳물을
너끈히
실어 나르는 기차가
뜨거움 무거움 버텨 내며
실어 나르는
제철소에서 일하시는 모든 분들
뜨겁게
눈물 나는
감사
일상의
모습이다.

선한 싸움

욕하고 싶은 것
피하고 싶은 것
유혹하는 것
힘껏 물리치고
불의한 것
담대히 물리치고
나 자신의 지킴을
위해
가족의 지킴을 위해
싸워야 한다.
사회와 국가의 지킴을 위해
싸워야 한다.

거룩한
말과
거룩한
외침으로
선을
이루어 가야 한다.

좋다

잘 꾸민 옷 차려입고
어른들 모이고
정중한 모습으로
가족 한 사람
한 사람
모인 자리에
서로를 아끼는
마음으로
덕담이
오가는 자리가
좋다.

싱그러운 등굣길

등굣길 신호등에서
아이들 다치지 않게
자원봉사자들
안심하고 건너고
오늘 하루 잘 지내라고
말하지 않아도
말하듯
챙겨 주는 그런 어른들
사회 곳곳에서
치워 주고 당부하는 것은
계속
달려야 할
멈추지 말아야 할
서로의 지킴이들이 있다는
건강한 사회가 되는 것이다.

거룩한 잔치

외로운 자도 위로받으며
어른들
힘껏 찬송으로
기쁨으로
나아가며
모두가
한자리에
모인
즐거운 날
이겨 온 시간이 있어
즐거운 날
서로 손 모아
기도하며
찬양하며
주님의 응답에 감사한 날
그렇게 기도하며
그렇게 응원하며
하나님께 맡기며 모인 날
예배드린 날
감사한 날

하나님이 받으시는
예배드린 날
잔치다.
우리는 그렇게
날마다
천국 잔치로 나아간다.

가을걷이

가을 들녘은 풍요롭다.
거둬들이는
힘찬 농부들의 흐뭇한
미소가 보이고
농기계들은 바쁘게
움직인다.
밤나무밭에는 밤 따는 농부들이
바쁘게
움직이고
감나무밭에는
감 따는 농부들의 손이
분주하고
사과나무밭에는
탐스러운 사과마다
농부들의 땀이
사과마냥
그렇게
흐른다.

주님 앞에서

가장
깊은
눈물을 흘릴 수 있고

가장
아픈
부위를
드러낼 수 있다.

기도

주님
앞에
가장
가까이 나아가는 것

무릎이
눈물로 적셔 들 때
주님은
따뜻한 위로와
삶과 치유를 주신다.

우리는 소중하다

소중한
삶이다.

삶을 살아가는
우리는 소중하다.

주어진 시간을
아름답게 사는 것
작은 것도
나누고픈
마음일 거다.

일품 인생

손이 많이
가는
정성스러운 음식이
맛이 있듯

수고 더한
땀 더한
노력은

담백한
일품
인생 되게 한다.

멸치가 꼴뚜기를 만나면

더
괜찮다.

멸치 반찬에
하나씩
나오는
꼴뚜기는
귀한 신분이다.
다름이
다름 같지
않은
어울리는
짝꿍이다.

멸치가
배려해서일 것이다.

꼴뚜기가 당당해서일 것이다.

흙에서 자란 무

뽀얀
속살 드러낸
무는
흙에서 장난친다.
반만
드러낸
몸을
무성한
무청으로
감싼다.

수줍어
하면서도

흙을
들추고
일어선다.

바다 꽃 소금

바다에는
꽃이 핀다.

최고의 영양식
미네랄 갯벌 만나야
예쁜
꽃이 된다.

간수
쫘-------악
밑으로 빼야
명품 소금 되듯

불평불만
쫘-------악
빼야
보기 좋은
감사 인생 된다.

긴 두 손가락 괭이

잔뿌리
상처 내지 않고
아주 조심스러운
손 움직임
인삼 캐는
긴 두 손가락 괭이

너무
수고했기에
너무
기다렸기에

섬세하게
흙을 걷어 내는 솜씨가
세련되고
섬세한
상처 주지 않는
좋은 친구다.

아리랑이 흐른 강

노랫가락이
흐른다.

강물 따라
흐른다.

아리랑이
흐른다.

바다로
나아가기 위해
힘찬 듯
부드러운
곡조로
나아간다.

거룩한 진리

보고
또
보아도
거룩한
진리

듣고
듣고
또
들어도
거룩한
진리

하나님 말씀

송편 빚는 날

온
가족
모여
앉아
송편
빚는다.

갖가지
모양의
송편이
찜통에
쪄진다.

가족이 도란도란
웃는다.

간절한 땅

마른 젖
빠는
간절한
아이처럼

배고픈
땅은

언제나
비를
저장한다.

식물을
키우고
과일나무
키우고
꽃도
키우고
곡식 키우는

땅은
엄마의
사랑으로
키워 낸다.

보석

긴
겨울 바다
매서운 따귀
맞아 가며

긴
줄에
매달려
출렁대는
위협도
견뎌 내며
자란
김
매생이는

바다가
추천하는
보석이다.

하나 된 평화

경계선이다
이름 지어진 곳

남쪽
민들레 홀씨
자유롭게
날아가
북쪽
땅에
씨앗 뿌려
자라게 하고

북쪽
짙은
소나무 향기
자유롭게
남쪽으로 오는
자유로운
평화
새들의

합창은

남과
북

경계를
허무는
강력한
울림이 되고
무기가 된다.

평화는
간절한
합창이 된다.

참기름 들기름

웃기고
슬픈
이야기

윤기 나게
버무려 주는
참기름

아프고
괴로운
이야기

고소한
향기로
버무려 주는
친근한
들기름

섬을 잇는 다리

섬과
섬을
잇는
다리는
애절한
그리움을
달래 주는
노래 싣고

바다
물결
위를
가족과
이웃 소식
싣고
나르며

그림
그리며
달린다.

쉼이 필요하다

쉼이
필요하다.

일어설 수 있게

위로받을 수 있게

슬픔과
원망
분노가

아침 이슬의
촉촉한
마음으로
될 수 있기에

들꽃

자유롭게
들녘
가득
채우는

계절
질서
만들며

은은한
향기로

관심
아랑곳
하지
않고

존재 가치
생명 강한

들꽃

괜찮다

다독이는
말

어루만져 주는
손길 같은 말

이 말
한 마디가

눈물
나게
만들고

정말
괜찮은 척
해도
될 것 같고

그렇다.

이른 새벽

라디오에서
잔잔한
찬송가
귀
기울여지고

기도의
자리로
나아간다.

너무
소중한
오늘이기에

아무리
시간 더해도

새벽은
과함이
없는

최고의

하루

시작이다.

붓의 예술

큰
붓은
산맥을
그리고

가늘고 긴
섬세한
붓은
나무를
그리고
꽃을
그린다.

힘이
그려진
글씨는

그대로
예술이다.

비 향기

자연의
모든
향기를

일으키는
소낙비

아침 산책
하고픈
보슬비

자연은
그렇게

파릇파릇
잎이 자라고

땅이
열매
맺는

준비를 한다.

준비를 한다.

닳는 것의 소중함

솥

밑이 닳는 것은

많은

밥을

지었음이요.

구두

밑이

닳는 것도

많은

수고로

달렸음이요.

손

지문이

닳는 것은

인생 수고

말없이

해냈다는

값진

도장이다.

연어의 사연

태어난
고향
오려고

긴
바닷물 길
헤치고
고된
숨
몰아쉬며

친구들도
같이

서로
토닥거리며

강으로
강으로

올라오는
힘겨움도
이겨 낸
사연들

감동 어린
사연들

낮은 담장

담장
뻗은
능소화과

돌
담장의
시간들을

아름답게
만든다.

마당에
펼쳐진
빨간 고추며

따 놓은
늙은
호박이며

가지런히

놓인

호미
괭이는

부지런한
농부의
이야기가

담장
밖으로

풍요롭게
들린다.

대접하고픈 밥 한 그릇

그릇마다
가득가득
채워진

가지런히
줄
맞춰
놓인
나물 반찬

노릇노릇
전
만들어

풍성히
놓으며
푹
끓인
뽀얀
황탯국

예쁜 그릇
담아

소중한
사람들에게
대접하고픈

밥
한 그릇

시선이 머무는 곳

시장
한
모퉁이에서
농사지은
곡물

산에 가서

들에 가서

부지런히
캐어 온
나물

다듬어서

한
소쿠리에

내어놓고

지나가는
이들의
발만

간절히
바라보는
장터
할머니들

한 줌
더
챙겨 주는

넉넉한
인심은

따뜻한
덤

3부

·

해바라기 마을 이야기

76화폭의 한번에 적어낸
한편의 시

친구
내 말 좀
들어주렴

담장 옆
모여 있는

해바라기 마을 이야기

들어보렴

사람들은
이야기 하지

봄 이야기

여름 이야기

가을 이야기

그리고
겨울 이야기

계절을
지워버릴 듯한
이야기
그
이야기

모여 잘 사는 듯해서
관심 주는 듯
주지 않는 듯

무심코
바라보고만
있을 때도
있었지

3폭 ————————————————————————————

그들은
나름대로의
이야기로
행복해 보였어.

내가
굳이
말 걸지 않아도

잘
살아간다 느꼈어

나의
적당한
거리의
관심 또한
괜찮아 보였어

4폭

원래
그렇게
해야
쓴 말
듣지 않아도
되니까

무심코
한번
스치는
향기처럼

그렇게
바라보는 것도
괜찮다 느꼈거든

5폭 ——————————————————————————

바람에
휘청거리는 걸
보면
바람 부는 데로
춤추는 것처럼
위고 받기도 했어

그들이
허리 굽히는 인사
하는 정도로
봐 줘도 될 듯했거든

옹기종기
모여 있는
그들의 모습은
서로를 위로하는 듯도 했어

화폭에
붓 칠하며
그려내는
화가는
아니어도

나를
이해하고
있다고
여겼어

기다리는
연인
그리워하는
포근한 마음 그리듯

그렇게
그렇게 말야

나의
시선은
관심을
두면서도

적당한
거리에서
무심코
신호등
기다리며
옆 사람이
무얼 하는지

8폭

쳐다볼 필요 없는
횡단보도에
서 있듯

내 갈 길만
잘 가면
되는 듯
그렇게
서 있는 게

뭐
세상의
눈치 볼 일은
아닌 양
그렇게 보고 지나쳤어

9쪽 ————————————————————————

그들은
내게
인사 했어

내가
서 있는 곳에
다가와
인사하는
어린아이의
수줍음으로

겨울 날
차가운 겨울날
유독
군밤
생각나는 날

마침
너무나
반갑게

김 서리 뽑아내며
뚜껑 닫힌 솥에서

푹 푹
익어가는
만두가게 만두처럼

부지런이
뒤집으며

반죽
힘있게 조절하며

구워 내는
붕어빵 아저씨의

솜씨 좋게
펼쳐 놓은 붕어빵처럼

톡톡
거리며
구워 내는
군밤 아저씨의
솜씨 좋은 반가움으로

12폭

그 반가운 모습들은

내가
다정하게

인사 해야지
화답 해야지
하지 않아도

내
서있는 자리의
풍경처럼

다가와
인사하지

추운 날
부지런히
움직이는
청소부 아저씨의
고마움은

새벽
고맙게
거리마다
치워내는

청소차의
부지런한 사람들의
움직임은

이웃이란
이름으로
불리며
인사하지

내가
서 있던 거리의
대로변에

자라나는
키를
따라잡지 못한

짧아진 교복바지 차림의
남학생의 모습도

하루 종일 폐지 박스
주워담아
부지런한 발길
옮기며
땀 흘리는
이웃 말야

내가
말 걸지 않아도
소박한
그들의 모습은

차가운 겨울을
준비하고
다가오는 봄을 맞이하는 것이겠지

16폭

인생은
그런 걸까

눈물 닦아내는
이들의
사연
들여다보면

내가
같이

아파해야 되는
이유를 찾아야 하는
듯
하기도
해서 말이지

도로변에
생명줄 걸고
달리는 오토바이

그렇게
하루 지나면

노곤한
몸으로
집으로 가는
걸음은

가볍고
따뜻한
이불에게
누워 지는
자신을 보며 들어가겠지

가끔은
가끔은
말야

씩씩하게
러닝 하며
아침도로를
가볍게
산책하는
이웃들도 보는데

그들도
그들의 이야기가 있는거지

이야기가
없는 인생은
없잖아

19쪽 ————————————————————————

살아도
사는 게 아니라고

고백하는
이웃들의
아픔에

무어라
답하지

무어라
답해줘야

그들은
더 이상
아프지 않다고
이야기 할까

20폭

그래서
마음 아파

나는
어릴 적부터
기도 했어

나중에
자라면
어려운 이웃들

잘
살피고
도와주는
사람이
되고 싶다고

자라면서도
그게
소망처럼

그렇게
때론
그래야 된다고
다짐했거든

그래서
행복했어

나도
다른 사람들에게
위로를 주고
힘과 용기를 건넬수 있는

넉넉하고
여유 있는
괜찮은
사람이
될꺼라는
마음에
행복했어

시간이
지나며
그
기도는
쉬지 않았어

그리고
내가
해줄수 있는 건 뭘 까
찾아보기로 했지

23폭 ─────────────────────────

내가
넉넉해진
경제력을
갖추길 바라며
열심히 살았어

내
첫마음에

담금질되는
다짐은
줄지 않았어

잘 자라는 대나무처럼
그렇게
커 가는 걸 어떡해

눈물도
흘리며
기도하며
지나오며

나는

내가
할 수 있는 일이
무얼까
찾아보는 것도
나쁘지 않겠다
싶었어

그런데

때론
나
자신도 가누지 못할 아픔도
있었지

짧은 시간에
아픔이 서럽게
하기도 하더군

이겨내기로
하고
할 때마다 서러움이
차가운 겨울처럼
그렇게 춥게 하던걸

배고픔의
이야기도
다른 사람의 이야기가
아닌
내 이야기가
될 때는

26폭

미약한
존재로서의 모습으로
비쳐 지는 걸
거부하며
기도 했어

이기게 해달라고

주님은
그렇게
답해 주셨어

이겨보라고

내가
그렇게 해줄거라고

주님의
위로는
특효약이었고

그 위로는
세상이 줄 수
없는
따뜻함 이였고
평안이었어

이겨내면서
일어설 수 있었어

일어설 수 있을 때
나는
더
성장해 있다고 느껴졌어

친구도
그렇게 자라는
사이
보여지고
느껴질꺼야

높은
빌딩숲이라고
하잖아

낮은
숲도 있다는 거

그곳은
아기자기한 소리가 나지

그냥
하루 같이 지내는 게
아니잖아

같이
아파하고

아기자기한
소리들은
모여
이야기들이 되고
모습이 되고
풍경이 되어
위로의 모습으로
그렇게
말하지

가끔 말야
나는
나의 뜻에
같이 웃어주는
가족들이 정말 고맙다고 고백해

30쪽

153

그냥
하루 같이 지내는 게
아니잖아

같이
아파하고
같이
위로하며
토닥 거리는
그 모습에

용기내게
만들거든

친구도
그렇지

31쪽 ————————————————————————————————

사연 많은 인생도
웃고 살잖아

툭툭
털고 일어서는
힘이
강해서일까

그건
아닐꺼야

그 사연
그 아픔 이겨내려고
발버둥치며
울어대던 이야기가
결국 웃음이 될 수 있다는 거지

32폭

전화기가
주는 역할이 크잖아
보고싶은 사람들의
목소리를 들을 때

얼마나
기쁠까
얼마나
그리울까

주고받지 못하는
사람들은 말로

그렇게
그리움도
그려내며
버텨내는 거지

고백이
길어지는 이유는

그렇게
예쁘게 살고 싶고
행복하게 살고 싶고
건강하게 살고 싶고
뜻 있게 살고 싶고
그래서야

그래서
그래

그보다 더
서로 챙겨주며
사는 게 좋다고
이야기하고 싶어서야

그게 사랑이잖아

노랫가락
잘 부는
모습

춤 잘 추는
모습

공부 열심히
하는 모습

운동 열심히
하는 모습

일
열심히
하는 모습

그런 모습이
모여모여 괜찮은 풍경이 되잖아

힘내보자

더욱 더
힘내보자

부질없는
호미질은
없어

뭐라도 심잖아

땅을
가꾸는 이들의
수고는
값진 보장이
주어지잖아

인생의 땅도
그런거잖아

36폭

가을 되면
잘 익은
감 따다

처마 밑에 걸어두어
곶감 되어 영그는 풍경은

부자의 모습이야
부자의 풍성함 이야

그래서
마당 가득
채우는 곡식은

붓칠로
그려보고 싶은 모습이야

나는
주님 앞에
기도해

나라
잘 되게 해달라고

그래야
우리모두
잘 되는 거니까

잘 되는
소망이 영글어질 테니

성경말씀에
시편 23편이 있어

다윗의 고백이야

주님께 드리는 기도인데
너무나
좋아

이 시에
다윗의 이겨내고
버텨냄이 그려질 때마다

나도
그래야 되는데
그래서
주님께 영광 올려야 되는데 하지

39쪽 ———————————————————————————

우리는

따뜻하게
들리어지는
찬송가처럼
살수 있을 거야

자장자장
하는 따뜻함도

일어서게 하는
용기로
나아가게
하잖아

안 해도
되는 말
하지 말자

그냥
위해주자

그냥 사랑해 주자

그냥
그렇게
사랑하며
살아가자

원망 없이
불평 없이
살아보자

그렇게 다짐해

노래 부르는 듯해

해바라기 마을 말야

즐거움의

노래 부르는 듯해

기쁨의

노래 부르는 듯해

위로의

노래 부르는 듯해

그래서

다정히들

서로를 쳐다보지 않아도

서로의 마음을

살피는 여유가 있어

따뜻한
햇볕을 바라보는
그들은

그렇게
넉넉히
서로를 방해하지
않으며

서로를 응원하며
든든히 서 있잖아

비가 오면
그렇게 서로를
비 맞을까 내가
먼저 비 맞겠다
용감하게 나서는

나서는 모습
보기 좋아

세상 시끄러운
소리
아랑곳
하지 않고

그들은
씩씩해

버팀목이 있는
든든한 나무인양

서로가 서로에게
다정하게 대해

그래서
보기 좋아

서로를
응원하는 데만
집중해서
보기 좋아

짧은 사연
긴 사연

그들에게
문제없다는 듯

웃고 있잖아

그들은
웃고 있어

짧은 소식
들려주는

우편함의 편지가
되어 주기도 하지

그들의 웃음은

설레는 마음
만들어 내는

재주가 있어
보기 좋아

<hr>

46폭

잔치
벌이는
화려함은
아니어도

그 자체로도
충분히
예쁘고

그 자체로도
충분히
멋스럽고

풍경 그리운
그림이
되어주잖아

가지런이
놓인 성경책
바라보며

말씀대로

잘
살아야 되는데

주님께
영광 올리는

삶을

살아야 되는데

하고
고백해

다정히
건네는
편지 한 장

그렇게
전해주고 파

손 글씨

꾹 꾹
눌러 담아
사랑 담아

적는 게
소중해

49쪽 ─────────────────────────────────────

찬 바람
느껴지는
겨울이면

따뜻한
소식이
많아졌으면 해

그래야
덜 춥잖아

그래야
더 응원할 수 있잖아

담요
한 장이 주는
따뜻함은

쉴 곳을
제공하는

편안함을
주잖아

그래서
우리는

마음이 따뜻한
말을 더
해야
될 것 같아

마른 장작

힘 있게
찍어내어

불 떼기 좋은 곳에

툭 툭 쌓아올린
모습은

부러울게
없어 보이는
넉넉함이야

겨울을
나는 지혜가
참
부자로
보이지

봄을 기다리는
바쁨도
괜찮지

준비된
봄은

더욱 기쁨으로
풍성해질 테니

53쪽

겨울도
괜찮다

봄도
괜찮다

여름도
괜찮다

가을도
괜찮다

더
괜찮다

손가락
시린
겨울이 아니길
바라고

심을 거 없이
텅빈 마음이
아니길
바라고

그런
봄이 아니길
바라고

시들 해진 게으른
여름이 아니길
바라고

55폭 ────────────────────────────

추수할 것 없어
눈물 짓는
가을이
아니길
바라고

그렇게
견뎌낸
계절은

나름의 영금으로
채반에 채워진다면

따뜻함이 주는 의미가
더 좋지 않을까 싶어

시간을
다투고
달리는

택배기사
아저씨의
고마움은

바쁜
일상의

쉼을
더해주는
고마움이다

그래서

고마워
해야
한다

가까운
이들에게

고마워
해야
한다

이웃에게

고마워
해야
한다

58쪽

나라를
지키는
군인이
고맙고

밤낮으로
동네를
지키는
경찰관이
고맙고

신호등
살피고
다니는
담당자가
고맙고

고맙고

고맙다

서로에게
고마움의
인사는

부드러운
인사말로
다가오고

풍성한
선물처럼

내게 여유 있는
것들을

작은 아이부터
나누게 되잖아

60쪽

가지 말린
무우 채 썰어 말린

부지런이
채 썰어

과한 기름
둘러 볶아낸

호박나물
표고버섯나물

고운접시 담아

한 양푼에 넉넉한
밥 담아

고추장 적당히
덜어내어
비벼낸
비빔밥

각자의 접시에
나누어 서로를
마주하며
웃어대며

행복을
나누는 그런

가족
그런 이웃

보기 좋다

그렇게
사는 게

우리의
작은
소망

많은 거
바라지
않은

작은
소망

그립지

63폭 ————————————————————————

그렇게
살아보자

나도
그렇게
살려고
노력해

노력이
없는
행복은
그냥 느낄 수 없지

노력해서

서로가
노력해서

얻어진
행복은

쉽게
느껴지지 않아

더 소중하게

더 가치 있게

누릴 수 있잖아

65쪽 ─────────────────────────────────

서로의

안부를

묻고
듣고

챙기는

따뜻한

기다리고
기다려주는

따뜻한

189

기도 드리며
기다리며

인내

경건

소망

그리고
믿음

으로 나아가는
모습

견고한 항해

화폭에

그려지지

않는

진짜

는

아무리

흉내 내어

화폭에

그리려 해도

그릴 수 없잖아

인색한 모습

쓸쓸한 모습

다정한 모습

감사한 모습

다
담아
그릴 수 있다
한들

진짜는
그릴 수
없잖아

예수님은

진짜
모습을
보여주고

깨우쳐
주시고

회개하게
하시고

하나님
나라를
알게 하시고

우리를 구원하시려

10폭

십자가에
달려

장사되어진 지
3일만에

부활하신

우리를

구원의
길로

인도하신

진리이시고
빛이시잖아

그래서

우리는

소망이

있는 거야

그래서 ———————————————————— 72쪽

소망이
있는
사람은

강이
두렵지
않고

산이
두렵지
않고

강을
건널 수
있고

산을
넘을 수
있고

강을
건널 수
있고 ──────────────────────── 74폭

용기 내어
사는
거지

용기
내는 게
소중하지

친구

우리
힘내 보자

더

아끼고
사랑하자

<hr>

하나님은 살아 계시다

1판 1쇄 발행 2026년 1월 25일
지은이 정소영

편집 이승빈 **마케팅·지원** 이창민
펴낸곳 (주)하움출판사 **펴낸이** 문현광

이메일 haum1000@naver.com **홈페이지** haum.kr
블로그 blog.naver.com/haum1000 **인스타** @haum1007

ISBN 979-11-7374-276-7(03230)